Impressionen von der Schwäbischen Alb

Uwe Kazmaier / Horst Mall

Impressionen von der Schwäbischen Alb

THEISS

Die Deutsche Bibliothek verzeichnet diese Publikation in
der Deutschen Nationalbibliografie; detaillierte bibliografische
Daten sind im Internet über http://dnb.ddb.de abrufbar.

Umschlaggestaltung: nalbach typografik, Stuttgart, unter Verwendung zweier Fotos
von Uwe Kazmaier (oben: Burg Hohenneuffen; unten: Wittlinger Felsen, Bad Urach)

Gestaltung und Satz: nalbach typografik, Stuttgart
Reproduktion: digigra4, Fellbach
Druck und Bindung: J. P. Himmer GmbH & Co KG, Augsburg
ISBN 978-3-8062-2063-6

Im Wandel der Jahreszeiten

Für viele ist die schwäbische Alb eine gute, alte Bekannte. Von klein auf hat sie uns begleitet, oft ging man mit den Eltern dorthin zum Wandern, viele haben hier oben das Skifahren gelernt, bevor sie ihr Können dann später in den Alpen beweisen konnten. Spektakulär wirkt die Alb zunächst wohl nicht, aber verlässlich, immer da – halt so wie eine gute Seele im Hintergrund.

Wer hier wohnt, nimmt sie oft nicht mehr besonders wahr; die Alb ist eben das, was immer schon hier war, ein Hintergrund, mit dem man lebt. Als schön empfunden, ja schon, aber eher aus einer Art von lokalem Stolz heraus als wirklich gefühlt.

Anderswo gibt es viel höhere Berge, viel schroffere Klippen, viel tiefere Täler und viel größere Städte. So bleibt die Alb zwar immer gegenwärtig und manchmal mag der eine oder andere auch leise Gewissensbisse verspüren und sich denken, dass man mal wieder hinfahren sollte. Aber dann kommt doch wieder etwas dazwischen und der Besuch wird weiter aufgeschoben.

Schade eigentlich!

Denn wenn sich dann einer aufrafft und in den Zug, ins Auto oder aufs Fahrrad steigt, fühlt er sich immer willkommen. Die Täler öffnen sich und nehmen den Besucher auf, eine lange, grün bewaldete Umarmung, dann hinauf in die Höhe, wo sich sofort ein Gefühl der Weite auftut. Obwohl auf der Alb oben auch fast jeder Quadratmeter bewirtschaftet ist, gibt es hier merklich weniger Menschen. Es atmet sich freier, der Lärm verstummt und der Horizont rückt etwas weiter weg.

Wenn der Besucher dann in der richtigen Stimmung ist, dann kann es sein, dass sich die gute, alte Alb noch von ganz anderen Seiten zeigt. Da kann sie ihn dann in die Vergangenheit mitnehmen, zeigen, wie einst die Menschen mühsam dem Boden ein kärgliches Leben abgerungen haben, unter welchen Mühen die Alten hier das Land bebaut, den Wald genutzt, dem Wasser neue Bahnen gegeben haben. Überall zeigen sich noch die Spuren ihrer Arbeit. Viele Wege sind seit Jahrhunderten, manche seit Jahrtausenden im Gebrauch, Reste von Burgen säumen den Albtrauf, steinerne Brücken überspannen die Flüsse und Bäche in den Tälern. Ganze Talauen sind auch heute noch von Obstwiesen überzogen, die schon seit dem Mittelalter existieren. Siedlungsplätze, Dörfer und Städte verdanken ihre Existenz der Arbeit früherer Generationen.

Der Blick von den Höhen zeigt das Albvorland, heute so dicht besiedelt, dass es von oben fast wie eine einzige, riesige Stadt erscheint. An vielen Stellen branden jetzt die Siedlungen gegen die Alb, aber noch hält sie stand, wenn auch viele Albgemeinden selber in den letzen Jahrzehnten auf das doppelte oder dreifache Maß angeschwollen sind.

Noch ist oben Bauernland, wenn sich auch die Art des Bauernwerkens gründlich geändert hat. Riesige Maschinen bearbeiten große Stücke Land, die aus ehemals handtuchgroßen Feldern zusammengelegt wurden. Aus Feldwegen sind heute Betonpisten geworden, die den Turbobauern die Arbeit erleichtern. Nicht beschaulich wie früher, aber auch keine so furchtbare Schinderei mehr für so viele. Strukturwandel, Landschaftswandel, Menschenwandel! Aber immer noch ist das Land wertvoll, es wird genutzt und bietet etlichen ein Auskommen.

Ganz so harmlos und betulich, wie sie von ferne aussieht, ist die gute alte Alb eben nicht.

Das Wetter tut sein Übriges dazu. Frost und Kälte sind ständige Begleiter bis weit in den Frühling hinein. Oft fallen im Frühjahr vom Frost gelöste Steine und Felsbrocken aus den steilen Felsen auf die Straßen, und wer oben am Albrand zu Fuß unterwegs ist, sollte sich besser vorsehen: Wer hier ins Rutschen gerät, hält nicht so schnell wieder an. Und wer vom Tal hinauf auf die Höhe steigt, darf auch im Sommer die Jacke nicht vergessen, denn dem Wanderer bläst oft ein kühler Wind ins Gesicht.

Aber es gibt viele Momente, in denen die Alb dem Gast ihr schönstes Geschenk macht: stille Augenblicke mit wunderbaren Bildern. Er muss natürlich etwas dafür tun, nämlich sich auf die alte Dame einlassen, ihr zuhören und das annehmen, was ihm geboten wird. Und zu bieten hat sie ihm viel. Ruhige Steige und Wege, Ausblicke auf Täler und weite Wälder, enge Schluchten und steile Felsen, alte Mauern über tödlichen Abgründen, kühle Höhlen und rauschende Bäche, die plötzlich aus Felswänden herausbrechen.

Was der Wanderer sieht und wie er es empfindet, kommt ganz alleine auf ihn an. Die Schönheit entsteht in seinem Kopf.

Mit diesem Buch wollen wir Sie einladen, die liebe alte Alb wieder einmal zu besuchen. Ob Sie sich nur in Gedanken dorthin begeben oder tatsächlich mal wieder die Wanderschuhe herauskramen wollen, ist dabei einerlei. Wichtig ist, dass Sie ihren Blick weiten und dem Altbekannten neue Ansichten abgewinnen können.

Bilder aus allen Jahreszeiten sollen Stimmungen vermitteln und Anregungen geben. Die Orte liegen sehr eng beieinander. Urach, Neuffen, Teck und Römerstein sind die Fixpunkte, um die herum die Bilder entstanden sind. Vielen wohl bekannt, dabei doch nur ein kleiner Teil der großen Alb, wenn auch ein besonders schöner.

Frühling *Ins Tal*

Immer wenn der Schnee auch auf der Alb verschwunden ist, wird es wieder Zeit für die Frühlingswanderung. Jedes Frühjahr um Ostern herum gab es diese bei uns, entweder in die Dontel, zum Neidlinger Wasserfall oder zum Filsursprung. Die Taschen waren dann oft mit Ostereiern gefüllt, die sich als Spielzeug, Tauschobjekte und, im äußersten Notfall auch als Verpflegung nutzen ließen. Ostereier konnte man auf dem jungen Rasen der Wiesen rollen und werfen, bis sie dann Risse bekamen und zum Verzehr freigegeben wurden.

Eigentliches Ziel der Ausflüge war es, möglichst große Schlüsselblumensträuße nach Hause zu bringen, möglichst bevor die Hälfte der Blumen über die Finger nach unten zeigte. Manchmal reichten die Kinderhände fast nicht aus, um die Massen der Opfer zu umschlingen; mich graust heute noch, wie viele von diesen schönen Blumen wir abgerupft haben.

In der Erinnerung verschmelzen die Ausflüge; heute scheint es, als wären wir wochenlang mit Gelbblühendem in den Händen durch die Täler gezogen. Aber auch jetzt noch sind mir die Schlüsselblumen, die *Maggenga*, die liebsten Frühlingsboten – zusammen mit ihrem Vetter, dem Lungenkraut, bei uns *Gockeler* genannt.

Für mich hatten diese Wanderungen immer den Charakter von Ritualen. Der Aufbruch, zuerst mit viel Wehklagen, dann die Sonne und der kalte Wind und die Ausblicke durch kahle Bäume hinab in unglaublich grüne Täler.

Unten dann die Wandlung des Windes zum sanften Hauch, die Sonne, der Duft nach warmer Erde, Veilchen und frischem Wasser, dann die zitronengelben gemeinen Schlüsselblumen oder die eidottergelben richtigen Schlüsselblumen; dann schwitzend, blumenfäustig der Anstieg wieder in die Höhe, in den kalten Wind, vorbei an letzten Schneeresten und schließlich, schon in Erwartung des mütter- und großmütterlichen Lobes, ins Haus hinein.

Eigentlich nicht der schlechteste Einstieg ins neue Jahr, viel sinnvoller und augenfälliger als dieser unauffällige erste Januar. Nun war Neuanfang, man konnte es sehen, riechen, schmecken und fühlen. Das Erwachen war da, die Hoffnung hatte sich erfüllt und das Leben war wieder einmal aus der Erde herausgestiegen.

Ein guter Anfang, der sich auch heute noch jedes Jahr wiederholt. Zwar nehmen wir keine Riesensträuße mehr mit nach Hause, doch wir haben immer noch Ostereier in der Tasche, die sich auf den grünen Wiesen wunderbar werfen lassen. Dann kullern die Eier über das Gras; wer am weitesten geworfen hat, ist der Sieger, die Eier werden gegessen, und das nächste Spiel beginnt.

Absender:

Name

Straße

PLZ Ort

Telefon

Bitte freimachen, falls Marke zur Hand

Antwort/
Postkarte

Konrad Theiss Verlag
GmbH
Postfach 10 48 27

70042 Stuttgart

AUS EINER SEE von weiß und rosa blühenden Obstbäumen erhebt sich die Alb.
Obstwiesen bei Owen

JEDER EINZELNE BAUM eine wuchtige Explosion von Blüten, aus denen Bienen schießen.
Obstbaumblüte bei Bissingen / Teck

WIE EINE BUGWELLE schiebt die mächtige Teck die Obstbaummassen vor sich her.
Die Teck mit dem Hörnle

DIE GEOMETRISCHE ZERSTÜCKELUNG der Flur hier, Spuren vulkanischer Verwüstung dort
links: Neuffener Weinberge | *rechts:* Im Randecker Maar

MIT LANGEN, GRÜNBEPELZTEN FINGERN greift die Alb ins Vorland hinaus.
Neuffen im Täle

OBEN AUF DER ALB rücken kleinere Dinge in den Vordergrund und man hört sich selbst wieder.
links: Owen mit Teck | *rechts:* Die Teck vom Breitenstein aus

SO SIEHT FRISCHE AUS: weiß und grün – ein Meer von Buschwindröschen. Dazwischen, wie Elefantenfüße, graue Buchenstämme.

WASSER gibt es nur in den Tälern; oft tritt es plötzlich als Bach aus der Felswand.
links: Elsach bei der Falkensteiner Höhle, Grabenstetten | *rechts:* Brühlbach bei Bad Urach

DIE STADT IM TAL folgt dem Lauf des Wassers, schwappt die algengrünen Hänge hinauf.
Bad Urach im Ermstal

UND WENN DU ES tausendmal siehst: es ist nie dasselbe, aber immer vertraut.
Brucken, Owen und Teck

Sommer *Heuen*

Sommer war immer erst im Heuet. Egal, wie schön es schon vorher gewesen war, egal, wie hoch das Gras, wie grün die Wälder, wie trocken die Wiesen: Ich wusste, es war Sommer, wenn mein Vater den Messerbalken an den Traktor montierte und frühmorgens in den Sonnenschein hinausfuhr. Dabei habe ich das Heuen nie besonders gemocht, es war dauernd heiß, alles schwitzte und vor allem pressierte es immer, die Stimmung war gereizt, kein Wunder, wenn man das ganze Heu neben der Erwerbsarbeit hereinschaffen musste!

Als kleines Kind konnte ich noch nicht mithelfen. Gerade recht, es gab so viel zu entdecken. Faul im Gras rumliegen, mit Stöckchenfiguren spielen oder in eins der vielen Wäldchen verschwinden, in denen Felsen, kleine Höhlen, Farne und Unterholz geheimnisvolle Urwälder bildeten, in denen Untiere und fremdartige Menschen wohnten – so konnte ich meine Welt entdecken, wunderbar frei und in Begleitung unsichtbarer Freunde.

Später musste ich dann mit meinem Onkel das Heu auf der Heubühne ebenziehen, ein hartes Geschäft. Da das Heu mit dem Gebläse auf die Heubühne geblasen wurde, bildeten sich immer kleine Hügel, in denen das Heu sehr fest gepresst worden war. Diese mussten wir immer zwischen zwei Wagenlieferungen auseinander ziehen, damit das Heu später nicht heiß wurde und das Haus in Brand steckte. Jedes Mal, wenn ich von der Leiter schließlich nach unten stieg, traf mich dann der ewig wehende Wind wie eine kalte Dusche und ich hatte oft bei heißestem Wetter eine Gänsehaut, während ich auf den nächsten vollen Wagen wartete. Auch das war Sommer – und bei aller Schinderei genoss ich doch am Abend immer das Gefühl, etwas vollbracht zu haben und dazu zu gehören.

Als ich klein war, gab es in meinem Ort Donnstetten noch um die hundert Nebenerwerbslandwirte, die kleine und kleinste Flächen bewirtschafteten, ein paar Kühe, Rinder und Schweine im Stall stehen hatten und natürlich auch noch einen Stall voller Hühner. Fast jedes Haus im Dorf hatte einen Misthaufen, Viehgeruch und Viehgeräusche waren selbstverständlich.

Wie es heute ist, wissen Sie selbst: Die Misthaufen sind längst aus den Albdörfern verschwunden, und Traktoren fahren längst nicht mehr so viele, aber immer noch werden die Felder der Alb bewirtschaftet, noch gibt es Wiesen, auf denen Blumen und Kräuter wachsen – sogar wieder vielfältiger als früher – und immer noch gilt für mich: Der Sommer fängt erst mit dem Heuet an!

NATÜRLICH WOLLTE DER RIESE Heim auf die andere Talseite in die Sonne hinüber ziehen.
Neidlingen mit Reußenstein

WIE VIELFÄLTIG die Landschaft ist – über Jahrhunderte von Menschen bearbeitet.
Obstbaumwiesen und Felder bei Owen

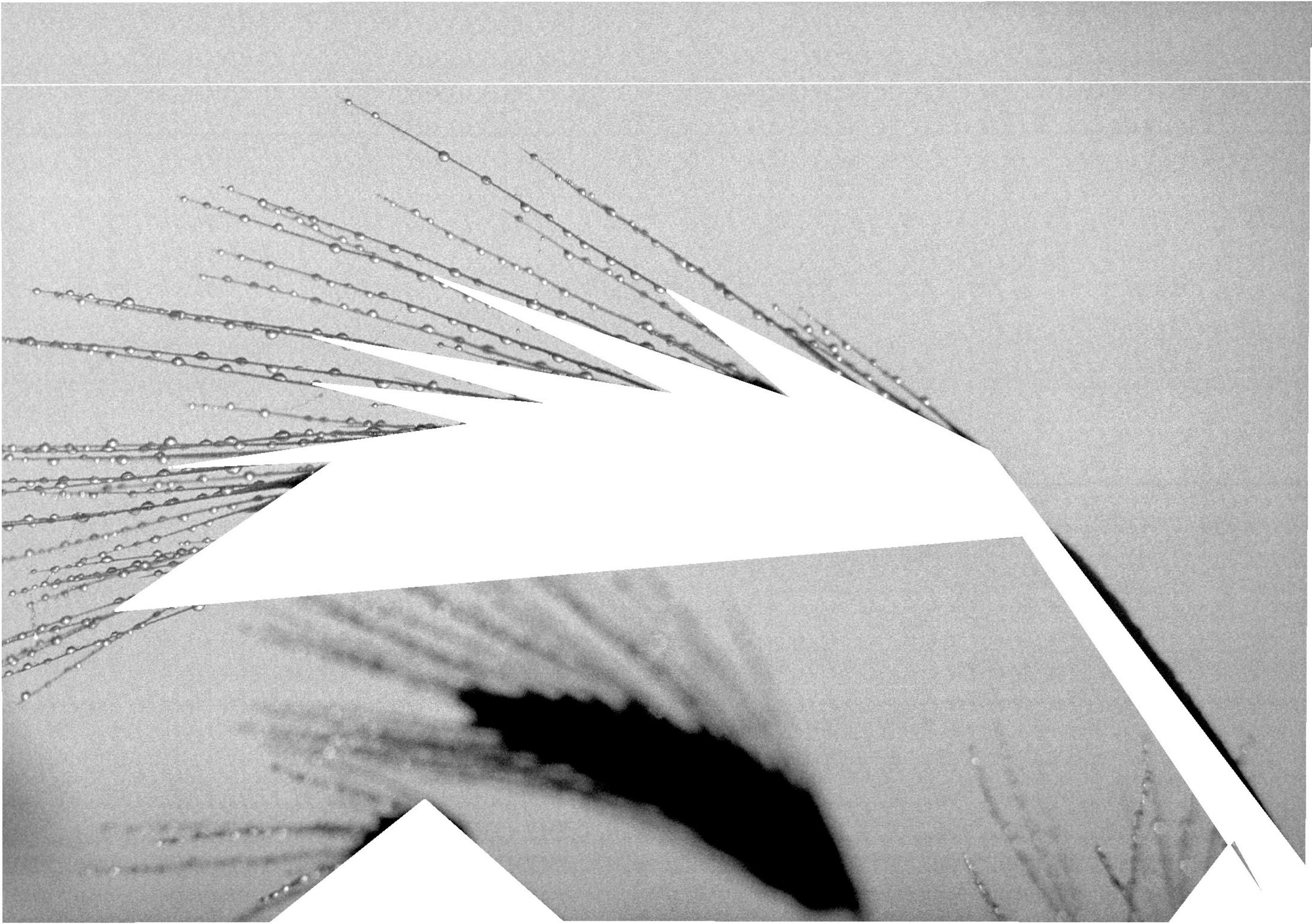

UND IMMER WIEDER taucht neues Licht das Altbekannte in neue, ungewohnte Farben.
links: Aufziehendes Gewitter bei Kohlberg | *rechts:* Abendstimmung über Achalm, Ermstal, Grabenstetten und Beuren

DU SPÜRST DIE FRISCHE dieses Morgens und wie sie in Wärme und Hitze vergehen wird.
links: bei Erkenbrechtsweiler | *rechts*: Peter- und Paulkirche, Grabenstetten

VON DER HITZE der Alb rasch zum sprühenden Wasserfall unter weiß glühenden Felsen.
links: Uracher Wasserfall | *rechts:* Pfulbfelsen im Lenninger Tal

WEISSE FELSEN dringen durch grüne Hänge, Wolken steigen die Täler hinauf – Spätsommer!
links: Reußenstein und Neidlingen | *rechts:* oben die Teck, unten Nebelwallen vom Hörnle aus

DIE ALB ist voller Höhlen und Grotten, aber die Menschen bauten dem Himmel entgegen.
links: Ruine Hohenurach | *rechts:* Auf der Burg Hohenneuffen

SIE SCHLEPPTEN STEINE die Berge hinauf, um sich Aussichten zu bauen – die schon da waren.
links: Burg Hohenneuffen | *rechts:* Jusi bei Kohlberg

DIE DRÄNGENDEN NEBEL geben vor der Alb auf, ein frischer Wind bläst sie fort.
Owen vom Hörnle aus

Herbst *Wandern*

Wenn der Himmel wieder blassblau klar ist, die Wälder in mattem Orange und satten Brauntönen leuchten und der Wind den Duft von Erde und Äpfeln trägt, musst du einfach auf die Alb. An bunten Obstbäumen vorbei, hin an den Waldsaum, dort einen schmalen Weg hinauf auf die Höhe – und dann eine Weile auf einem Felsen sitzen, warm eingemummt hinaus ins Unterland schauen. Es kann nicht viel schöner werden, außer du hast das Glück, einen solchen Tag zu erwischen, an dem noch das Albvorland von dickem, wattigem Nebel bedeckt ist. Du drehst dich um und gehst auf diese Alb zu, dringst durch warm raschelnde Wälder, legst dich auf duftende Schafweiden, schwebst über die kurz gemähten Rasenflächen der weiten Wiesen. Jeder Weg lädt dich ein, leider kannst du nur einen gehen. Der Wind treibt den Duft von warmer Erde und trockenem Laub auf dich zu, du spürst die Sonne im Gesicht. Doch immer liegt jetzt auch eine Ahnung von Kälte in der Luft, immer wieder bläst dich dann ein kalter Hauch an, nur damit du nicht vergisst, dass jetzt Herbst ist und die ganze Pracht und Herrlichkeit bald in Eis und Schnee versinken wird.

Jetzt, wenn die Äcker abgeerntet, die Wiesen zum zweiten oder dritten Mal geschnitten sind und die Schafweiden hellbraun in der Sonne glänzen, erschient die ganze Alb wie ein riesiger Landschaftspark: der perfekte Wechsel von Acker, Wiese und Wald, die Gruppen von Waidbuchen, immer wieder neue Blickachsen eröffnend und andere schließend, dazu noch gestaffelte Heckenreihen mit sich sanft schlängelnden Wegen. Trotz allen Veränderungen der letzten Jahre ist die Albhochfläche immer noch sanft gewellt, noch immer steht derselbe blaue Himmel über dem Ganzen und auch die neu angelegten Wege, so schnurgerade sie manchmal sind, sind mit Bäumen und Heckenreihen versehen, aus denen im Herbst rote Hagebutten, blaue Schlehen und rosafarbene Pfaffenhütchen leuchten.

Herbst auf der Alb ist für mich die schönste Jahreszeit. Oft kann man unglaublich weit sehen; jetzt kommen die Tage, an denen man vom Römersteinturm aus die Alpen vom Säntis bis zur Zugspitze sehen kann, den Schwarzwald von Pforzheim bis Baiersbronn, und je nachdem, wie lange man vorher den hiesigen Most probiert hat, die Karpaten und den Himalaja.

Wer den perfekten Abschluss eines solchen Tages sucht, sollte unbedingt so lange bleiben, bis die Sonne untergeht, mit einzelnen Baumgruppen, die wie filigrane Scherenschnitte vor dem abendlichen Leuchten stehen, aus dem langsam, ohne Hast, die ersten Sterne scheinen.

ES LIEGT EINE FREUDIGE UNRUHE in der Luft, das Licht zieht Dich hinaus, es ist Herbst!
Bad Urach und das Ermstal

DAS LICHT IST JETZT WEICHER, vielfarbig fließt es herab und verströmt sich in gleißender Pracht.
Rund um Bad Urach

LANGSAM WÄCHST die Ruine wieder in den Wald hinein und wird wieder zu Fels.
links: Ruine Baldeck über dem Seeburger Tal | *rechts:* Ruine Hohenurach

DIE SPUREN früherer Menschen gestalten sanft die Landschaft, die wir heute oft entstellen.
Blick vom Känzele auf den Hohenurach

WASSER FORMT die Alb: Es höhlt die Berge aus, baut sich selbst Rinnen und Kaskaden.
linke Seite: Brühlbach, Bad Urach | *rechte Seite oben links*: Im Ermstal | *oben rechts*: Am Gütersteiner Wasserfall | *unten links*: Feuersalamander | *unten rechts*: Brühlbach

ANSEHEN, AUSSCHAU HALTEN, Einblicke bekommen, erkennen, erfühlen, spüren: verstehen.
linke Seite: Kaltentalsee bei Bad Urach | *rechte Seite links:* Felsen am Hochberg bei Bad Urach | *rechts:* Burgruine Hohenurach

LANDSCHAFTSPFLEGER am Werk; Bauernarbeit gab und gibt dem Land sein Gesicht.
linke Seite: Schafe am Fuß des Hohenneuffen | *rechte Seite oben links:* Hohenneuffen | *oben rechts:* Neuffener Weinberge | *unten links:* Kühe auf der Weide | *unten rechts:* Hohenneuffen im Abendlicht

DIE TRAUBEN speichern die warme Herbstsonne, ruhig geht der Herbst zu Ende.
linke Seite: Neuffener Weinberge | *rechte Seite links:* Hohenneuffen | *rechts:* Der Himmel glüht über der Alb

AUF GRAUEN WOLKEN schwimmen Burgen und Felsen, der Straßenlärm ist nur dumpfe Brandung.
linke Seite: Der Hohenurach als Insel | *rechte Seite oben:* Hohenneuffen | *unten:* Ermstal

LANGSAM TAUCHT das Dorf auf, während die Sonne den Frühnebel in den Boden drückt.
links: Der Römerstein | *rechts:* Donnstetten vom Hasenhäusle aus

Winter *Skifahren*

Auf der Alb ist es, nach landläufiger Meinung, immerzu kalt. Das ist natürlich Unsinn. Es ist nur sechs Monate lang kalt, den Rest des Jahres über ist Winter. Dann ist es eisig und dazu weht ein kalter Wind, der den Schnee von den freien Flächen wegbläst, um ihn in malerischen Schneewehen um Häuser und über Straßen zu drapieren oder als tiefe Schneeschicht im Wald abzuladen.

Für denjenigen, der keine Angst vor ein wenig körperlicher Anstrengung und Ungemach zeigt, hält der Winter auf der Alb schöne Überraschungen bereit. So ziehen nachts oft dicke Nebel von der Donau herauf und bedecken die Alb mit ihren feuchten Bäuchen. Die Kälte und der Wind formen daraus zauberhaft weiße Eisbretter, die sich auf alles legen, was in den feuchtkalten Luftzug hinausragt. Da werden dann aus langweiligen Maschendrahtzäunen dreidimensionale Eisbienenstöcke mit gleichmäßigen sechseckigen Waben, kahle Waldränder mutieren zu Licht sprühenden Eisfällen und triste Hochspannungsleitungen zu magischen Gebilden, zwischen denen sich armdicke frostblühende Seile spannen. Oft kommt an solchen Nebeltagen noch die Sonne heraus und haucht der ganzen kalten Pracht glühendes Leben ein. Da funkelt und blitzt es überall und der Besucher staunt und freut sich der Herrlichkeit – besonders dann, wenn eine kleine Raureiflawine dem unachtsamen Begleiter ins Genick fällt.

Die Skilifte auf der Alb sind legendär, nicht ihrer tollen Abfahrten wegen, sondern weil sie für viele, die im mittleren Neckarraum leben, die Orte sind, wo die Menschen Skifahren gelernt haben. Für uns Buben und Mädchen war der Skiliftbesuch nichts Besonderes, viele von uns haben sich dort einst ein Taschengeld hinzuverdient, Karten knipsend oder den Gästen die Liftbügel an die Hintern schnappen lassend. Wir waren sehr stolz auf unseren Lift, von dem wir zwar wussten, dass er gegen die Pisten in den Alpen nicht ankommen konnte, der aber im Gegensatz zu den alpinen Skiregionen nach der Arbeit bequem zu erreichen war. So guckten wir denn leicht hochnäsig auf all die »Stuttgarter« hinunter, die sonst die Alb belächelten, aber doch immer wieder gerne zu uns kamen, um im Kleinen das zu genießen, was im Großen zu weit entfernt war.

Heute weiß ich, dass viele von denen, die damals kamen – und auch heute noch gerne kommen – keineswegs die Alb oder ihre Bewohner belächelten, sondern die Region zu allen Jahreszeiten zur Erholung nutzten und nutzen.

DIE BÄUME ÄCHZEN unter dem Gewicht ihres Schmucks.
links: bei Westerheim | *rechts:* bei Laichingen

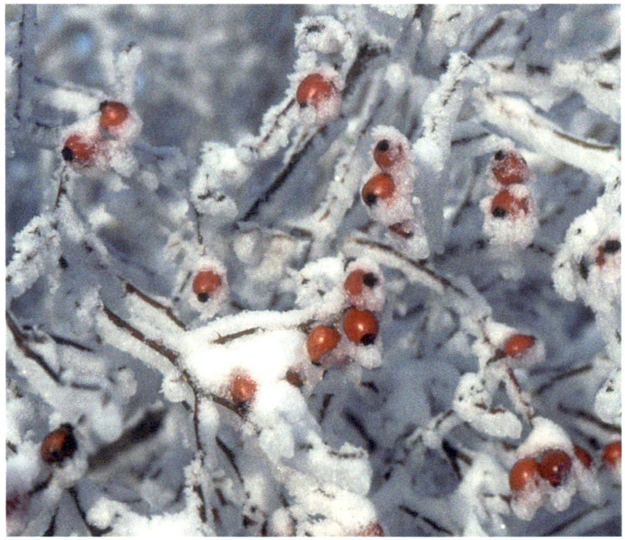

HAARFEINE EISNADELN wachsen dem feuchten Nachtwind entgegen, der von der Donau her weht.
links: Raureif bei Ochsenwang und Böhringen | *rechts:* Raureif, Westerheim

DIE SONNE scheint auf ein Land aus Kristall; oft zerstört sie schnell das mühsam Aufgebaute.
links: Raureif, Ochsenwang | *rechts:* Raureif, Schopfloch

STÜRZENDES WASSER erstarrt, spiegelt glitzernd das Innere des Gebirges wider.
linke Seite links: Schröcke, Grabenstetten | *rechts:* Falkensteiner Höhle, Grabenstetten | *rechte Seite:* Schröcke, Grabenstetten

WIE EIN EISGIGANT thront der gefrorene Fall, geschmückt mit feinen Eisjuwelen.
linke Seite: Uracher Wasserfall | *rechte Seite oben:* Eisgebilde an der Elsach, Grabenstetten | *unten:* Eis am Uracher Wasserfall

RAUREIF LEGT SICH wie ein weißer Pelz über feinste Strukturen.
Am Eichenhardt bei Bleichstetten

DEMÜTIG, TIEF GEBÜCKT, schleppen sich die Eisbäume – ob sie es bis zur Kirche schaffen?
links: Westerheim | *rechts:* Donnstetter Georgskirche

IM WEISSEN WINTERMANTEL stolzieren sie daher, müde unter der prächtigen Last.
links und rechts: Raureif bei Westerheim

JETZT TRITT DIE ALB deutlich hervor; was der Wald sonst verdeckt, wird offen gelegt.

EIN MOTIV, unendliche Variationen – komm und baue dir deine eigene Landschaft!
Hohenneuffen